CAHIER DU JOUR
CAHIER DU SOIR

Dictées CE2

Ce cahier appartient à :

Cahier conçu par un enseignant

Sommaire

Livret central détachable Présentation, conseils et **Corrigés**

Dictée 1

Préparation à la dictée

→ CORRIGÉS P.II

Les mots difficiles

→ Complète les mots.

- De l'eau salie : **p o l l** ☐ ☐ ☐
- Une très grande étendue d'eau : **o** ☐ **é** ☐ **n**
- Le dessus de l'eau : **s u** ☐ **f** ☐ ☐ **e**
- Sorte de vase noire, terre détrempée d'eau : **b** ☐ ☐ **e**
- Utiliser de la colle : **c** ☐ ☐ ☐ **e** ☐

Règles et exercices de préparation

Entre deux voyelles, il faut écrire :
- *s* si l'on veut obtenir le son « z » : *je me pose ;*
- *ss* si l'on veut obtenir le son « s » : *des poissons.*

1 Complète les mots ou expressions avec *s* ou *ss*.

Une ru. . . . . . e	La ta. . . . . . e	La tendre. . . . . . e
Une phra. . . . . . e	Une secou. . . . . . e	Des ro. . . . . . es
Le ha. . . . . . ard	Une bro. . . . . . e	Cha. . . . . . er

Certains mots, qui s'écrivent toujours de la même manière, sont **invariables**.
Ex. : *au-dessus*; *sûrement*; *maintenant*; *partout*.

2 Complète les phrases avec les mots : *au-dessus* – *sûrement* – *maintenant* – *partout*.

1. C'est . . . . ma sœur qui a pris mon jeu de cartes.
2. de nous, les parapentes font de belles figures.
3. On voit des affiches . . . . pour présenter ce nouveau film.
4. Pour se déplacer dans les grandes villes, on peut . . . . louer des vélos.

- Beaucoup de **noms** au **féminin** se terminent par la lettre **e** : *une trace*; *la surface*; *une aile*; *de la boue*.
- On forme le **féminin** des **adjectifs** en ajoutant un **e** à l'adjectif masculin : *lourd* → *lourde*; *noir* → *noire*.

3 Écris les expressions suivantes au féminin.

1. Un fort vent → une fort...... averse
2. Un habit démodé → une veste démodé......
3. Un client patient → une client...... patient......
4. Un commerçant accueillant → une commerçant...... accueillant......

4 Mets les terminaisons qui conviennent.

1. Une plui...... violent...... a inondé les caves du village.
2. Par cette journé...... ensoleillé......, nous sommes allés à la plage.
3. Pour ce travail, il me faut une sci...... bien affûté...... et une pince coupant.......

Au **présent** de l'indicatif, les verbes du **1er groupe** (en *-er*) se conjuguent sur le modèle du verbe *poser : je pose, tu poses, il/elle/on pose, nous posons, vous posez, ils/elles posent.*

5 Écris correctement les verbes au présent.

1. Ces photos me (*sembler*) .... un peu floues.
2. La maîtresse (*coller*) .... nos textes sur une affiche.
3. Nous (*penser*) .... souvent à vous.
4. Fais attention lorsque tu (*monter*) .... dans le bus scolaire.
5. Ce n'est pas grave si vous (*arriver*) .... un peu en retard.

Dictée 1

Et maintenant, écris sur une feuille à part le texte que l'on te dictera.

→ Texte de la dictée p.II

Note .... /20

Dictée 2

Préparation à la dictée

→ CORRIGÉS P.II

Les mots difficiles

→ Complète les mots de la grille.

Horizontalement
1. Le jour d'après.
2. Désigne un ensemble de moutons ou de vaches.
3. Contraire de *maigre*.

Verticalement
A. Curieux, bizarre, souvent amusant.
B. Durant.
C. Planter à nouveau.
D. Fruits du chêne.

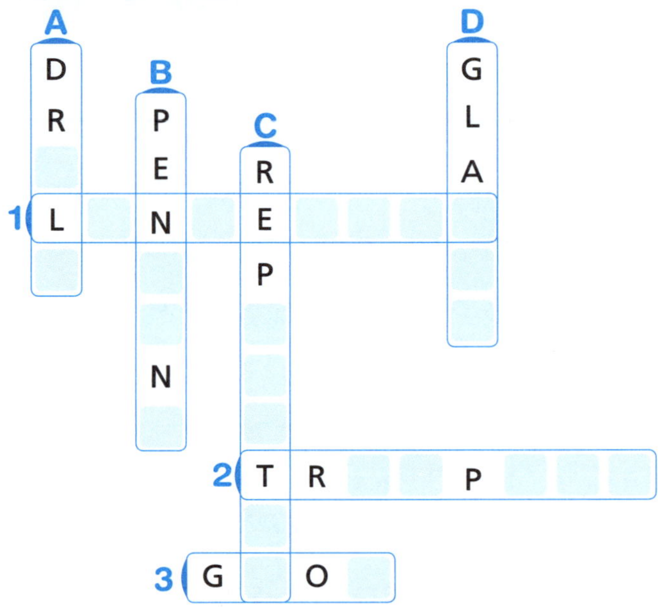

Règles et exercices de préparation

- *A* est le verbe avoir (à la 3e personne du singulier). On peut le remplacer par *avait* : *La bergère a un sac → la bergère avait un sac.*
- *À* est un mot **invariable** souvent suivi d'un verbe à l'infinitif. On ne peut pas le remplacer par *avait* : *Le jardinier commence à arroser*.

1 Complète les phrases par *a* ou *à*.

1. Anaëlle ...... réussi une belle photo : elle passe beaucoup de temps ...... l'admirer.

2. Dans un moule ...... tarte, maman ...... étalé la pâte puis elle va placer les fruits.

3. Elle n'...... pas fait de réservation pour le concert de ce soir. C'est un risque ...... prendre que d'y aller quand même.

On écrit *m* devant les lettres *m*, *b*, *p* : *emmener; rassembler; remplir.*
Attention aux exceptions : *un bonbon, une bonbonnière, une bonbonne, néanmoins...*

2 **Complète les mots par *m* ou *n*.**

E. . . tier	I. . . patient	E. . . voyer	Une a. . . poule
Néa. . . moins	Une ba. . . de	La te. . . pête	Co. . . battre
Un cha. . . pignon	Une bala. . . çoire	Un co. . . pteur	E. . . mener

Les **noms** et les **adjectifs** terminés par *-er* ou *-ier* au masculin forment leur féminin en *-ère* ou *-ière* : *le berger* → *la bergère*; *un jardinier* → *une jardinière*; *premier* → *première*. Attention à l'accent grave.

3 **Récris les phrases en mettant les mots soulignés au féminin.**

1. <u>Le dernier passager</u> monte dans le bus.

. . . .

2. <u>Ce pâtissier étranger</u> a de très bonnes spécialités.

. . . .

3. <u>Ce cavalier</u> ressemble à <u>un aventurier</u>.

. . . .

Au **présent** de l'indicatif, les verbes du **2e groupe** (en *-ir*) se conjuguent comme *remplir* : *je remplis, tu remplis, il/elle/on remplit, nous remplissons, vous remplissez, ils/elles remplissent*.

4 **Conjugue les verbes suivants au présent.**

1. Choisir les plus gros

Je . . . .

Tu . . . .

Il . . . .

Nous . . . .

Vous . . . .

Elles . . . .

2. Garnir un plat

Je . . . .

Tu . . . .

Elle . . . .

Nous . . . .

Vous . . . .

Ils . . . .

Dictée 2

Et maintenant, écris sur une feuille à part le texte que l'on te dictera.

→ Texte de la dictée p.II

Note

. . . . /20

Dictée 3

Préparation à la dictée

→ CORRIGÉS P. II

Les mots difficiles

→ Complète les mots.

- Se poser sur une branche : **se per _ _ _ _**
- Endroit où sont placés les musiciens : **e s t _ a _ _**
- Ôter : **e n _ _ v e r**
- Ensemble des spectateurs : **p u _ _ _ c**
- Se sauver : **s' é c h _ p _ e _**
- Ensemble des musiciens : **o r _ h _ _ _ _ e**
- Être la cause de : **p r o v _ _ _ _ r**

Règles et exercices de préparation

- *Son* peut se remplacer par *mon* ou *ton* ou encore par *ses* (le pluriel) :
  La magicienne salue son ami. → *La magicienne salue mon ami.*
- *Sont* est le verbe être au présent : il peut être remplacé par *étaient* :
  Les musiciens sont dans un nuage. → *Les musiciens étaient dans un nuage.*

1 Complète par *son* ou *sont*.

1. Les pompiers .... en exercice.
2. Un pneu est crevé sur .... vélo.
3. Elle range .... blouson dans l'armoire.
4. Chloé termine .... exercice ; elle entend ses amies qui .... dans la rue.

Les noms féminins terminés par le son « é », sauf ceux en *-té* ou *-tié*, s'écrivent *-ée* :
la fumée, la cheminée, la pensée... (attention à l'exception : *la clé*)

2 Complète par un nom de la même famille en *-é*.

1. Faire le tour → faire une ....

2. Faire un rang → faire une ....

3. Sortir le matin → sortir dans la ....

4. Venir ce jour → venir dans la ....

3 Complète les noms (attention au pluriel).

1. Il faudra prendre les comprim..... avec une gorg..... d'eau.

2. Mes parents ferment toujours la porte à cl..... lorsqu'ils vont faire des courses.

3. En montagne, les habitations sont plus nombreuses dans les vall.....

Certains noms et adjectifs terminés, au masculin, par une consonne doublent cette consonne au féminin : *un musicien* → *une musicienne* ; *le magicien* → *la magicienne* ; *un chat* → *une chatte* ; *épais* → *épaisse* ; *bon* → *bonne*.

4 Complète par les mots au féminin.

1. Un sommeil profond → une eau ....
2. Un Breton → une ....
3. Un poisson gras → une viande ....
4. Un citoyen → une ....
5. Un bilan annuel → une fête ....
6. Un client → une ....

Les verbes *avoir* et *être* ont une conjugaison particulière au présent :
- Avoir : j'ai ; tu as ; il/elle/on a ; nous avons ; vous avez ; ils/elles ont.
- Être : je suis ; tu es ; il/elle/on est ; nous sommes ; vous êtes ; ils/elles sont.

5 Écris les verbes *avoir* ou *être* au présent.

1. (*avoir* et *être*) La magicienne .... un haut chapeau ;
   les musiciens .... sur l'estrade.

2. (*avoir*) Vous .... le choix entre fromage ou dessert.

3. (*être*) Nous .... certains d'avoir déjà vu ce téléfilm l'an dernier.

4. (*être* et *avoir*) Il n'........ pas à l'école car il .... un rhume avec une forte fièvre.

Dictée 3

Et maintenant, écris sur une feuille à part le texte que l'on te dictera.

→ Texte de la dictée p.II

Note .... /20

Dictée 4

Préparation à la dictée

→ CORRIGÉS P.II

Les mots difficiles

→ Complète les mots.

- Donner à manger : **n _ _ r _ _ r**
- Faite avec une aiguille et du fil à broder : **b r o _ _ _ _ e**
- Petite ville : **v i _ l _ _ e**
- Contraire de *bon* : **m a u _ _ _ s**
- Cordon pour attacher les chaussures : **_ a _ _ t**
- Travail de l'artisan : **a r _ i _ a _ a t**
- Itinéraire, parcours : **t r a _ e _**

Règles et exercices de préparation

Le son « c » peut s'écrire avec la lettre *c* (*local*) ou les lettres *qu* (*moquer*). Devant *e* ou *i*, il faut obligatoirement écrire *qu* (*que*, *qui*).

1 Complète les mots suivants par *c* ou *qu* pour obtenir le son « c ».

Le cir...... e	Le ...... al...... ul	Une bar...... e	De la ...... olle
Un ...... ultivateur	...... itter	Une a...... trice	Le ...... anard
Une ...... estion	De l'en...... re	Le ...... ai	Une ...... apitale
Elle é...... oute	Fabri...... er	Un fabri...... ant	...... atre

Les **noms féminins** en *-té* ou *-tié* s'écrivent *-é* : *une société ; la pitié ; l'amitié ; une qualité.*
Attention, certains mots s'écrivent *-ée* :
- *la dictée* ; *la portée* ; *la pâtée* ; *la jetée* ; *la montée* ;
- les mots qui indiquent un **contenu** : *une cuillerée* ; *une assiettée*...

2 Écris la terminaison des mots en *-té* ou *-tié* dans les phrases suivantes (attention aux accords).

1. La devise de notre pays est « Libert......, Égalit......, Fraternit...... ».

2. Il donne la moiti...... de ses images à chacun de ses deux invit...... : c'est une preuve de sa grande bont.......

3. Le maçon a calculé qu'une brouett...... de sable représentait à peu près vingt-cinq pellet.......

En général, un **nom** ou un **adjectif** au singulier prend un ***s*** si on l'écrit au **pluriel** :
*une superbe broderie → **des** superbe**s** broderie**s** ; une mauvaise route → **des** mauvaise**s** route**s**.*

3 Écris les expressions soulignées au pluriel.

1. Maman range mon pantalon, ma chemise rayée et mon polo noir dans l'armoire.

....

2. Le présentateur annonce le grand film que les téléspectateurs verront au cours de la prochaine soirée.

....

3. Le chat est une bête très attachante.

.... sont ....

Les verbes ***aller*** et ***faire*** sont des verbes **irréguliers**. Voici leur conjugaison au **présent** :

- **Aller** : je **vais** ; tu **vas** ; il/elle/on **va** ; nous **allons** ; vous **allez** ; ils/elles **vont**.
- **Faire** (et les verbes de la même famille) : je **fais** ; tu **fais** ; il/elle/on **fait** ; nous **faisons** ; vous **faites** ; ils/elles **font**.

4 Conjugue les verbes suivants au présent.

1. Aller au travail

Elle ....

Ils ....

Je ....

Vous ....

2. Refaire un dessin

Tu ....

Vous ....

On ....

Nous ....

Dictée 4

Et maintenant, écris sur une feuille à part le texte que l'on te dictera.

→ Texte de la dictée p.III

Note .... /20

Dictée 5

Préparation à la dictée

→ CORRIGÉS P. III

Les mots difficiles

→ Complète les mots.

- Contraire de *femme* : _ _ **m m** _
- Nom de la famille du verbe *indiquer* : **i** _ **d** _ _ _ **t** _ _ **n**
- Os d'hommes ou d'animaux morts : _ **s s** _ _ **e n** _ **s**
- Qui renferme le crâne (en deux mots) : **b** _ **î** _ **e c r** _ **n** _ **e n** _ _
- Dans le crâne, organe essentiel de l'intelligence : **c e r v** _ _ **u**
- Grossir, augmenter de taille : **d é v** _ **l** _ **p** _ _ **r**

Règles et exercices de préparation

- Devant les voyelles *e* et *i*, la lettre *c* produit le son « s » : *certaine ; ciment.*
- Devant les voyelles *a*, *o*, *u*, il faut écrire la lettre *ç* pour obtenir aussi le son « s » : *façade ; façon ; reçu.*

1 Complète les mots suivants avec c ou ç.

Une commer..... ante	La gla..... e	Dé..... idément
Une balan..... oire	Un épi..... ier	Elle est dé..... ue
Aper..... evoir	Le gar..... on	Des ron..... es
Il aper..... ut	La Fran..... e	Un ma..... on

Certains mots, qui s'écrivent toujours de la même manière, sont **invariables**.
Ex. : *notamment ; assez ; nettement.*

2 Complète les phrases à l'aide des mots : *notamment* – *assez* – *nettement*.

1. Elle n'est pas .... grande pour attraper le sucre sur l'étagère.

2. Le cycliste espagnol a passé la ligne d'arrivée .... avant les autres.

3. De nombreux orages sont prévus, ... sur l'est du pays.

4. Tom t'a .... battu au tennis, ... grâce à son revers.

- Généralement, les **noms** et les **adjectifs** terminés par *-eur* ou *-eux* font leur féminin en *-euse* : *un chercheur* → *une chercheuse* ; *précieux* → *précieuse*.
- Les noms et les adjectifs en *-teur* font leur féminin en *-trice* : *un directeur* → *une directrice* ; *provocateur* → *provocatrice*.

3 **Complète les expressions en mettant les mots soulignés au féminin.**

1. Un <u>curieux</u> mouvement → une .... manière

2. Un engin <u>destructeur</u> → une machine ....

3. Un <u>auditeur</u> fidèle → une .... passionnée

4. Les <u>nageurs</u> <u>courageux</u> → les ....

Le verbe ***pouvoir*** est un verbe **irrégulier**. Au **présent**, il se conjugue ainsi :
*Je **peux** ; tu **peux** ; il/elle/on **peut** ; nous **pouvons** ; vous **pouvez** ; ils/elles **peuvent**.*

4 **Complète les phrases avec le verbe *pouvoir* au présent.**

1. ....-tu m'accompagner jusqu'à la gare ?

2. Quand on veut, on ....

3. Ton frère et ta sœur .... sortir.

4. ....-nous venir avec vous ?

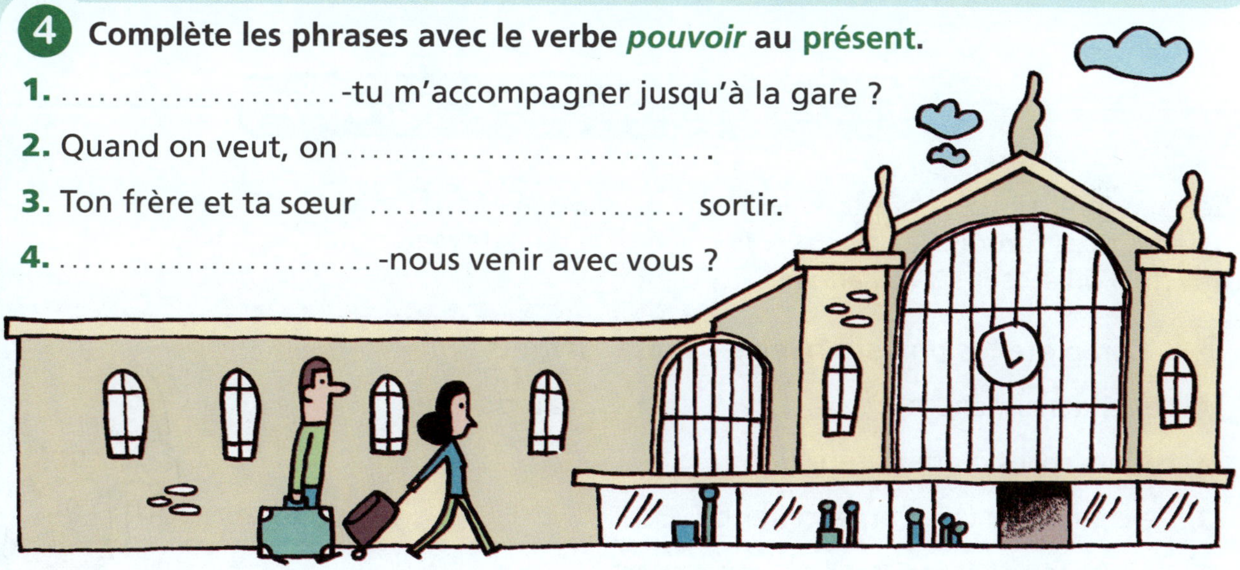

Dictée 5

Et maintenant, écris sur une feuille à part

le texte que l'on te dictera.

→ Texte de la dictée p.III

Note .... /20

Dictée 6

Préparation à la dictée

→ CORRIGÉS P. III

Les mots difficiles

→ Complète les mots.

- De la famille de *propriété* : **p _ o _ r _ é _ _ _ r _**
- En forme de cercle : **_ o _ d**
- Discussion : **c _ _ v e _ s _ _ _ o _**
- Contraire de *dedans* : **d _ h _ _ s**
- Logement en immeuble : **_ p _ a _ _ e m _ _ t**
- Sert à s'essuyer : **s _ _ v _ e _ t _**
- Contraire de *tordu* : **_ r _ i _**

Règles et exercices de préparation

Certains mots **se prononcent** de la **même manière** mais ont des **sens différents**.
Il ne faut pas confondre : *la **pâtée** du chien* et *le **pâté** de maisons* ;
***moi** (toi, lui)* et *le **mois** de l'année*.

1 Complète les phrases avec les mots suivants : *pâtée* – *pâté* – *moi* – *mois*.

1. Les chats aiment la .... au poisson.
2. Les vacances d'été durent deux ....
3. Ce charcutier vend un excellent .... en croûte.
4. J'ai demandé à ma sœur de venir avec ....

Les **noms féminins** terminés par le son « **i** » s'écrivent *-ie* : *une sortie* ; *la vie* ; *la pluie*.
Attention : *la nuit* ; *la fourmi* ; *la souris* ; *la perdrix* ; *la brebis*.

2 Complète les noms terminés par le son « i » (attention aux accords).

1. « La cigale et la fourm....... » est le titre d'une fable de La Fontaine.
2. La prair....... commence à être envahie par les ort....... .

3. En centre-ville, on trouve une boulanger....... , une boucher.......
et une pharmac....... .

4. La nu....... , les breb....... rentrent à la ferme.

Certains **noms** ou **adjectifs ne changent pas** lorsqu'on les met **au féminin** :
*un **propriétaire** → une **propriétaire** ; un chat **fidèle** → une chatte **fidèle**.*
Au contraire, certains noms ou adjectifs au masculin sont **différents au féminin** :
un homme → une femme ; fou → folle.

3 **Complète les expressions suivantes en écrivant les mots soulignés au féminin.**

1. C'est un cas difficile → C'est une affaire ....

2. Mon oncle est un homme sympathique → Ma .... est une ....

3. Un dentiste efficace et aimable → Une .... et ....

4. Serais-tu un garçon un peu naïf ? → Serais-tu une .... un peu .... ?

À l'**imparfait**, les verbes du **1er groupe** se conjuguent sur le modèle de *tourn**er** : je tourn**ais** ; tu tourn**ais** ; il/elle/on tourn**ait** ; nous tourn**ions** ; vous tourn**iez** ; ils/elles tourn**aient**.*

4 **Conjugue les verbes suivants à l'imparfait.**

1. Arriver très tard

Nous ....

Tu ....

Elles ....

Il ....

2. Se précipiter sur la nourriture

On se ....

Ils se ....

Je me ....

Vous vous ....

Dictée 6

Et maintenant, écris sur une feuille à part le texte que l'on te dictera.

→ Texte de la dictée p.III

Note .... /20

Dictée 7

Préparation à la dictée

→ CORRIGÉS P. III

Les mots difficiles

→ Complète les mots.

- Ingénieux : **g _ n _ _ l**
- Cérémonie pour des personnes qui se marient : **m _ r _ _ g _**
- Téléphoner : **a _ p e _ _ r**
- Faire comme si : **faire s _ m _ _ a n _**
- Pas disponible : **o _ c _ p é**
- Se représenter dans la tête : **i _ a g _ n _ r**
- Embêtements, problèmes : **e _ _ u i _**

Règles et exercices de préparation

- *Ce* est placé devant un nom au singulier. On peut le remplacer par *mon*, *le*... : *ce projet* ; *ce train* (*mon projet*, *le train*).
- *Se* est placé devant un verbe. Il devient *s'* devant une voyelle : *elle se marie* ; *elle s'ennuie*.

1 Complète les phrases suivantes par *ce* ou *se*.

1. Le soleil ...... couche et la nature ......'endort.
2. Une nouvelle série de six épisodes débute ...... soir à la télévision.
3. Méfiez-vous, car en général, il ne ...... trompe pas.
4. ...... chien ......'allonge et ...... roule sur la pelouse.

Certains noms se terminent par une lettre qui ne s'entend pas. Pour la trouver, il suffit de chercher un mot de la même famille ou de mettre le nom au féminin : *le dos* (*dossier*) ; *climat* (*climatiser*, *climatique*) ; *chat* (*chatte*).

2 Écris la lettre finale de chaque nom puis, entre parenthèses, le mot qui t'a permis de la trouver.

1. La course a été remportée par un Anglai...... → (..........................)

2. Il s'est coupé avec un écla...... de verre. → (..........................)

3. Le charcutier lui a fait cadeau d'une tranche de lar........ → (..........................)

4. Le couvreur travaille sur le toi...... de la maison. → (..........................)

Les **noms** et **adjectifs** terminés, au singulier, par les lettres ***s***, ***z***, ***x*** **ne changent pas** lorsqu'on les écrit **au pluriel** : *une fois → des fois ; un gaz → des gaz ; un vieux lit → des vieux lits.*

3 Écris les mots soulignés au pluriel.

1. Un <u>tas</u> de sable → Des .... de sable
2. Se déguiser avec un <u>faux</u> <u>nez</u> → Se déguiser avec des ....
3. Se promener dans le <u>bois</u> → Se promener dans les ....
4. Faire un <u>mauvais</u> <u>choix</u> → Faire de ....

À l'**imparfait**, les verbes du **2e groupe** se conjuguent sur le modèle du verbe *réagir : je réagissais ; tu réagissais ; il/elle/on réagissait ; nous réagissions ; vous réagissiez ; ils/elles réagissaient.*

4 Écris les verbes entre parenthèses à l'imparfait.

1. (*choisir*) En général, les clients .... le nouveau modèle.
2. (*définir*) Nous .... les mots de manière précise à l'aide du dictionnaire.
3. (*réfléchir*) Vous .... pour trouver le calcul le plus simple.
4. (*franchir*) La championne .... régulièrement cette hauteur.
5. (*applaudir*) J'............................ tous les acteurs pour leur performance tout au long du spectacle.
6. (*gravir*) Tu .... la pente avec beaucoup de facilité.

Dictée 7

Et maintenant, écris sur une feuille à part le texte que l'on te dictera.

→ Texte de la dictée p.IV

Note .... /20

Dictée 8

Préparation à la dictée

→ CORRIGÉS P.IV

Les mots difficiles

→ Complète les mots de la grille.

Horizontalement
1. Rendre pointu ou coupant.
2. Nom de la famille de *fort*.
3. Troubler la vue par une lumière trop vive.
4. Adjectif de la famille de *fierté*.

Verticalement
A. Se frayer un passage.
B. Mot de la famille de *regarder*.
C. Organes de la vue.

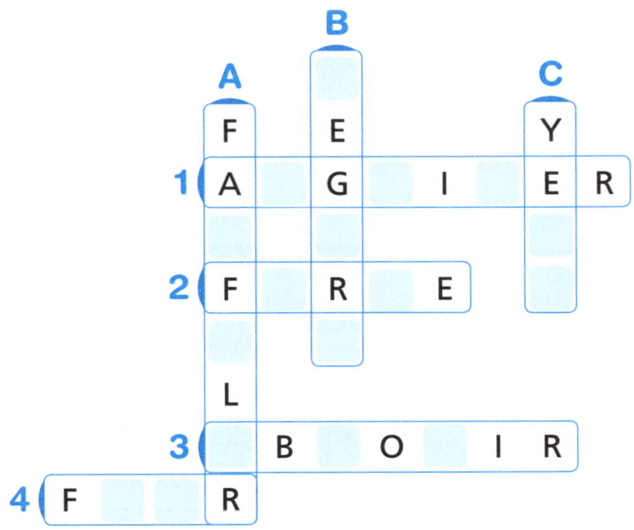

Règles et exercices de préparation

- Devant les voyelles **e** et ***i***, la lettre ***g*** se prononce « **je** » : *étrange* ; *les gens*.
- Pour obtenir le son « **gue** », il faut écrire ***gu*** : *la guerre* ; *aiguiser*.

1 Complète les mots par *g* ou *gu*.

Une ...... itare accordée – Une forte ...... elée – Offrir une ba...... e – Aimer les farces de ...... ignol – Ran...... er son matériel – Nourrir les poissons rou...... es – Plon...... er du grand tremplin – Faire le ...... et.

Les **noms masculins** en « **é** » s'écrivent le plus souvent **-er** : *le chevalier* ; *le bouclier* ; *le goûter*. Attention : *l'été* ; *le café* ; *un pré* ; *le thé* ; *le marché*.

2 Écris les terminaisons (attention aux accords).

1. Les pêch......... et les cerisi......... sont en fleurs au verg..........

2. Nous avons pris un th......... au caf......... de la gare.

3. Au march......., maman s'est arrêtée chez le maraîch....... et chez le poissonni.......

4. L'infirmi........ lui a apporté des comprim........ à prendre au petit déjeun.........

5. Le meuni......... travaille dans un moulin à vent et stocke la farine au greni..........

- Les **noms** et **adjectifs** en -*eau* prennent un *x* au **pluriel** : *un drapeau* → *des drapeaux* ; *un nouveau bateau* → *des nouveaux bateaux*.
- Les noms terminés par -*eu* prennent aussi un *x* au **pluriel** : *un jeu* → *des jeux* ; *un cheveu* → *des cheveux*. Attention : *des pneus* ; *des bleus*.

3 **Complète les expressions en mettant les mots soulignés au pluriel.**

1. Un <u>beau</u> <u>gâteau</u> d'anniversaire → Des .... d'anniversaire
2. Faire un <u>feu</u> de joie → Faire des .... de joie
3. Visiter un <u>nouveau</u> <u>château</u> → Visiter de ....
4. Acheter un <u>pneu</u> neuf → Acheter des .... neufs

À l'**imparfait**, les verbes *avoir* et *être* se conjuguent ainsi :
- **Avoir** : j'**avais** ; tu **avais** ; il/elle/on **avait** ; nous **avions** ; vous **aviez** ; ils/elles **avaient**.
- **Être** : j'**étais** ; tu **étais** ; il/elle/on **était** ; nous **étions** ; vous **étiez** ; ils/elles **étaient**.

4 **Complète avec le verbe *avoir* ou *être* à l'imparfait.**

1. Lorsqu'elle .... en vacances à la mer, Marion allait chaque jour à la plage.
2. Nous .... sur la route depuis plus de dix heures et nous .... tous sommeil.
3. J'.............. peur des animaux : j'.............. tout tremblant même devant de jeunes chiots.
4. Tu .... bien du mal à admettre que tu n'.............. pas assez attentif en classe.

Dictée 8

Et maintenant, écris sur une feuille à part le texte que l'on te dictera.

→ Texte de la dictée p.IV

Note

.... /20

Dictée 9

Préparation à la dictée

→ CORRIGÉS P.IV

Les mots difficiles

→ Complète les mots.

- Distribué par le facteur : **c _ _ r _ i _ r**
- Nom de la famille d'*aviser* : **_ v _ s**
- Prélevés par l'État : **_ m p ô _ _**
- Constitué de marches pour monter : **e _ c _ _ i _ r**
- Bâtiment comprenant des appartements : **_ m m _ _ b _ e**
- Féminin d'*entier* : **e _ t _ è _ e**
- Trier, choisir : **s é _ _ _ t _ o _ n _ r**

Règles et exercices de préparation

- Le son « j » se fait parfois avec la lettre *j* : *journaux*.
- Devant la lettre *e*, pour faire le son « j », on écrit *g* : *cage*.
- Devant les voyelles *a*, *o* et *u*, il faut écrire *ge* : *geai*, *plongeon*, *nageur*.

1 Complète les mots par *j*, *g* ou *ge* pour obtenir le son « je ».

La ……oie	Un a……ent	Interro……er	Elle arran……ait
Des bour……ons	A……ile	Le gara……e	Un diri……ant
La ……alousie	Une na……oire	Nous bou……ons	Des ……ouets

Certains mots sont invariables.
Ex. : *auparavant* ; *parfois* ; *même* ; *à présent*.

2 Complète les phrases avec les mots : *auparavant* – *parfois* – *même* – *à présent*.

1. Nos baskets sont exactement du ………………………… modèle.

2. De nos jours, nous communiquons par Internet ; …………………………, il fallait écrire des lettres.

CAHIER DU JOUR
CAHIER DU SOIR

Dictées CE2

LIVRET DÉTACHABLE

Présentation, conseils et corrigés

Présentation

→ En début d'ouvrage, le **sommaire** détaille les notions abordées dans chaque dictée.

→ L'ouvrage propose **18 préparations à la dictée** qui se présentent ainsi :

– la découverte des **mots difficiles** de la dictée sous forme de jeux ;

– les **règles** orthographiques et grammaticales suivies d'**exercices d'application** ciblés ;

– la **dictée** elle-même, à réaliser sur le cahier.

Le texte de la dictée figure à votre intention dans ce livret central détachable.

Conseils pour accompagner votre enfant

→ Avant la dictée

L'enfant réalise les exercices avec attention puisqu'ils reprennent les principales difficultés qu'il va rencontrer dans le texte de la dictée.
Il se reporte ensuite aux corrigés de manière à bien comprendre la cause des erreurs commises.

Les corrigés des exercices figurent dans ce livret central détachable.

→ Pendant la dictée

L'adulte doit au préalable lire lentement le texte en entier.
Puis il reprend le texte phrase par phrase en laissant le temps à l'enfant d'écrire tranquillement.
Il est bien entendu nécessaire de porter une attention particulière aux liaisons. En outre, il ne faut pas hésiter à répéter les mots mal compris par l'enfant.
La dictée se termine par une relecture finale pour permettre à l'enfant de vérifier notamment s'il n'a pas oublié d'écrire certains mots.

→ Après la dictée

L'enfant se relit attentivement, en se remémorant les règles et mots étudiés lors de la préparation.
Il peut ensuite corriger ses fautes (avec ou sans votre participation) en prenant soin de commenter ses erreurs.

→ Comment se noter ?

La dictée sera notée sur 20.

On enlèvera :

– **2 points** pour les fautes d'accord (nom/adjectif ; sujet/verbe, etc.) ou de terminaisons des verbes ;
– **1 point** pour toutes les autres fautes : accents, mots d'orthographe lexicale ou d'usage (mots que l'on peut trouver dans le dictionnaire).

- Entre 0 et 6, l'enfant doit reprendre toutes les notions abordées dans la préparation en relisant les règles et en refaisant les exercices. On peut ensuite lui demander de recopier le texte de la dictée.
- Entre 7 et 14, l'enfant doit revoir la ou les règle(s) nécessaire(s).
- Entre 15 et 20, c'est très bien, l'enfant a bien assimilé les notions et les mots difficiles.

Corrigés

Dictée 1 — Pages 4-5

Préparation à la dictée

Les mots difficiles : polluée – océan – surface – boue – coller.

❶ Une ruse – La tasse – La tendresse – Une phrase – Une secousse – Des roses – Le hasard – Une brosse – Chasser

❷ 1. sûrement 2. Au-dessus 3. partout 4. maintenant

❸ 1. forte 2. démodée 3. cliente patiente 4. commerçante accueillante

❹ 1. pluie violente 2. journée ensoleillée 3. scie bien affûtée – pince coupante

❺ 1. semblent 2. colle 3. pensons 4. montes 5. arrivez

Dictée 1

Une eau polluée

Un oiseau vole au-dessus de l'océan : « Je vois des traces sombres à la surface de l'eau, sûrement des poissons. Une, deux... je me pose ! Maintenant mes ailes semblent lourdes, une boue noire colle mes plumes. J'en ai partout… même sur le bec ! »

D'après É. Simard, *Je te sauverai*, Magnard.

Dictée 2 — Pages 6-7

Préparation à la dictée

Les mots difficiles : 1. lendemain 2. troupeau 3. gros A. drôle B. pendant C. replanter D. glands.

❶ 1. a – à 2. à – a 3. a – à

❷ Entier – Impatient – Envoyer – Une ampoule – Néanmoins – Une bande – La tempête – Combattre – Un champignon – Une balançoire – Un compteur – Emmener

❸ 1. La dernière passagère 2. Cette pâtissière étrangère 3. Cette cavalière – une aventurière

❹ 1. Je choisis – Tu choisis – Il choisit – Nous choisissons – Vous choisissez – Elles choisissent
2. Je garnis – Tu garnis – Elle garnit – Nous garnissons – Vous garnissez – Ils garnissent

Dictée 2

Drôle de jardinière

Pendant que le chien rassemble le troupeau, la bergère remplit un sac de glands : elle choisit les plus gros. Le soir, elle les met à tremper dans l'eau. Le lendemain, elle commence à replanter les premiers glands.

Dictée 3 — Pages 8-9

Préparation à la dictée

Les mots difficiles : se percher – estrade – enlever – public – s'échapper – orchestre – provoquer.

❶ 1. sont 2. son 3. son 4. son – sont

❷ 1. tournée 2. rangée 3. matinée 4. journée

❸ 1. comprimés – gorgée 2. clé 3. vallées

❹ 1. profonde 2. Bretonne 3. grasse 4. citoyenne 5. annuelle 6. cliente

❺ 1. a ; sont 2. avez 3. sommes 4. est – a

Dictée 3

Au cirque

Perchés sur une estrade, les musiciens sont dans un nuage de fumée épaisse. La magicienne a un haut chapeau. Elle l'enlève pour saluer son public. Une chatte s'en échappe, saute sur les tambours de l'orchestre et provoque une bonne rigolade.

Dictée 4 — Pages 10-11

Préparation à la dictée

Les mots difficiles : nourrir – broderie – village – mauvais – lacet – artisanat – trajet.

❶ Le cirque – Le calcul – Une barque – De la colle – Un cultivateur – Quitter – Une actrice – Le canard – Une question – De l'encre – Le quai – Une capitale – Elle écoute – Fabriquer – Un fabricant – Quatre

❷ **1.** Liberté – Égalité – Fraternité **2.** moitié – invités – bonté **3.** brouettée – pelletées

❸ **1.** mes pantalons – mes chemises rayées – mes polos noirs **2.** les grands films – des prochaines soirées **3.** Les chats sont des bêtes très attachantes.

❹ **1.** Elle va – Ils vont – Je vais – Vous allez **2.** Tu refais – Vous refaites – On refait – Nous refaisons

Dictée 4

Cilaos*

C'est un village réputé pour ses superbes broderies. On y va par de mauvaises routes en lacets. Linda* a pitié de sa mère, Nadine*, qui fait ce trajet pénible pour son travail dans une société d'artisanat local. C'est pour nourrir la famille.

* Épeler ce mot.

D'après M. Rippert, *Horrible Gran'mère Kal !*, Magnard.

Dictée 5 — *Pages 12-13*

Préparation à la dictée

Les mots difficiles : homme – indication – ossements – boîte crânienne – cerveau – développer.

❶ Une commerçante – La glace – Décidément – Une balançoire – Un épicier – Elle est déçue – Apercevoir – Le garçon – Des ronces – Il aperçut – La France – Un maçon

❷ **1.** assez **2.** nettement **3.** notamment **4.** nettement ; notamment

❸ **1.** curieuse **2.** destructrice **3.** auditrice **4.** nageuses courageuses

❹ **1.** Peux **2.** peut **3.** peuvent **4.** Pouvons

Dictée 5

Les premiers hommes

Les chercheurs et les chercheuses découvrent de précieuses indications sur les ossements des premiers hommes retrouvés dans des fouilles. Ils peuvent notamment montrer, de façon certaine, qu'à l'origine la boîte crânienne était assez petite. Le cerveau se trouvait nettement moins développé.

Dictée 6 — *Pages 14-15*

Préparation à la dictée

Les mots difficiles : propriétaire – rond – conversation – dehors – appartement – serviette – droit.

❶ **1.** pâtée **2.** mois **3.** pâté **4.** moi

❷ **1.** fourmi **2.** prairie – orties **3.** boulangerie – boucherie – pharmacie **4.** nuit – brebis

❸ **1.** difficile **2.** tante – femme sympathique **3.** dentiste efficace et aimable **4.** fille – naïve

❹ **1.** Nous arrivions – Tu arrivais – Elles arrivaient – Il arrivait
2. On se précipitait – Ils se précipitaient – Je me précipitais – Vous vous précipitiez

Dictée 6

Conversation de chiens

« Tu sais, en dehors des sorties avec ma propriétaire, je tournais en rond dans l'appartement et, quand arrivait la nuit, je me précipitais sur ma pâtée. Chez moi, répondit Fleur-de-Clebs*, tu aurais droit à la table et une serviette. »

* Épeler ce mot.

D'après P. Hérault, *Copains comme… cabots !*, Magnard.

Dictée 7 — *Pages 16-17*

Préparation à la dictée

Les mots difficiles : génial – mariage – appeler – semblant – occupé – imaginer – ennuis.

❶ **1.** se – s' **2.** ce **3.** se **4.** Ce – s' – se

❷ **1.** Anglais (Anglaise) **2.** éclat (éclater) **3.** lard (lardon) **4.** toit (toiture)

❸ **1.** tas **2.** faux nez **3.** bois **4.** mauvais choix

❹ **1.** choisissaient **2.** définissions **3.** réfléchissiez **4.** franchissait **5.** applaudissais **6.** gravissais

Dictée 7

Marie-Jo* se marie

Je trouvais génial ce projet de mariage de ma grand-mère. Papa boudait. Il réagissait comme ça : toutes les fois qu'elle appelait, il tournait le dos et faisait semblant d'être occupé. Il imaginait des tas d'ennuis. Quel climat à la maison !

* Épeler ce mot (Marie-Jo est le prénom de la grand-mère).

D'après A. Heurtier, *Ma grand-mère a un amoureux !*, Magnard.

Dictée 8

Pages 18-19

Préparation à la dictée

Les mots difficiles : **1.** aiguiser **2.** force **3.** éblouir **4.** fier **A.** faufiler **B.** regard **C.** yeux.

❶ guitare – gelée – bague – Guignol – Ranger – rouges – Plonger – guet

❷ **1.** pêchers – cerisiers – verger
2. thé – café
3. marché – maraîcher – poissonnier
4. infirmier – comprimés – déjeuner
5. meunier – grenier

❸ **1.** beaux gâteaux **2.** feux
3. nouveaux châteaux **4.** pneus

❹ **1.** était **2.** étions – avions
3. avais – étais **4.** avais – étais

Dictée 8

Un fier chevalier

Il était d'une force étrange. Il avait un bouclier et une épée qu'il venait d'aiguiser pour la guerre. Il se faufila entre les drapeaux sous le regard des filles éblouies par la couleur noire de ses cheveux et par le bleu de ses yeux.

Dictée 9

Pages 20-21

Préparation à la dictée

Les mots difficiles : courrier – avis – impôts – escalier – immeuble – entière – sélectionner.

❶ La joie – Un agent – Interroger – Elle arrangeait – Des bourgeons – Agile – Le garage – Un dirigeant – La jalousie – Une nageoire – Nous bougeons – Des jouets

❷ **1.** même **2.** auparavant **3.** parfois **4.** à présent

❸ **1.** les centres commerciaux **2.** des trains spéciaux **3.** des festivals **4.** Les chevaux – des animaux brutaux

❹ **1.** Tu allais – Il allait – Vous alliez – Elles allaient
2. Vous faisiez – Je faisais – Ils faisaient – Nous faisions

Dictée 9

Un enfant voleur de courrier

Auparavant, je volais tout en vrac : les lettres, les journaux, parfois même les avis d'impôts. Je ne faisais pas le tri. J'allais dans les cages des principaux escaliers de mon immeuble. J'agis, à présent, dans la rue entière. Je sélectionne les cartes de voyage.

D'après S. Cohen Scali, *Cauchemar à Noël*, Magnard.

Dictée 10

Pages 22-23

Préparation à la dictée

Les mots difficiles : paysage – reproduire – ambiance – peinture – dégager – technique – inspirer – travail – pinceau.

❶ **1.** cou **2.** cour **3.** coups **4.** cours **5.** court

❷ **1.** bas (basse) **2.** profond (profondeur)
3. lent (lenteur) **4.** mauvais (mauvaise)

❸ **1.** pliée **2.** raconter **3.** manqués **4.** trouées

❹ **1.** pouvaient **2.** pouviez **3.** pouvais **4.** Pouvions

Dictée 10

Peinture

J'avais observé le peintre au travail : les couleurs de la nature l'inspiraient. Il les reproduisait à grands coups de pinceau courts et épais. On pouvait distinguer des touches de couleurs appliquées selon cette technique. L'ambiance qui se dégageait du paysage se retrouvait sur la toile.

Dictée 11

Pages 24-25

Préparation à la dictée

Les mots difficiles : concours – expérience – aventure – concurrent – continuer – apprécier – passion.

❶ **1.** hêtre **2.** champs **3.** chant **4.** être

❷ **1.** pelle – échelle **2.** chaussettes **3.** acheté – noisetier **4.** appelé

❸ **1.** cahiers – cartable **2.** plombier – robinets **3.** championnes – rues – victoire **4.** cuisinière – œufs

❹ **1.** redoublera – arriverons **2.** réchaufferas **3.** partageront **4.** attraperai

Dictée 11

Concours de chant

Les dés vont être jetés : bonne chance, mon garçon ! Cette expérience restera une belle aventure. Si ta concurrente gagne, elle continuera à ta place, mais tu auras toujours des parents qui t'aimeront, des amis qui t'apprécieront et des jeunes filles qui partageront ta passion.

D'après S. Daniel, *Future star*, Magnard.

Dictée 12

Pages 26-27

Préparation à la dictée

Les mots difficiles : **1.** inscrire **2.** adversaire **3.** grille **4.** comprendre **A.** sœur **B.** ordinateur **C.** participer.

❶ **1.** ont **2.** On **3.** On ; on **4.** ont ; On

❷ **1.** grues **2.** issues **3.** tortue ; laitue **4.** vertus

❸ **1.** verrous **2.** bijoux **3.** genoux **4.** voyous

❹ **1.** Vous remplirez – Je remplirai – Elle remplira – Ils rempliront
2. Tu saisiras – Elles saisiront – Vous saisirez – Nous saisirons

Dictée 12

Jeux sur le Web*

Sur l'ordinateur, ma sœur participe à des jeux : c'est la cohue pour s'inscrire. Ce soir encore, elle choisira quelques inconnues comme adversaires sur la Toile. Elles rempliront des grilles de mots sans laisser de trous. On ne comprend pas le plaisir qu'elles ont !

---
* Épeler et expliquer ce mot (en anglais « toile d'araignée »).

Dictée 13

Pages 28-29

Préparation à la dictée

Les mots difficiles : décision – emmener – pirogue – abandonner – noix – lait – laisser.

❶ **1.** et **2.** est **3.** est **4.** est – et

❷ **1.** jamais **2.** loin **3.** demain

❸ Réponses possibles : **1.** nouveaux livres **2.** baguette moulée **3.** timbres neufs **4.** chemises propres

❹ **1.** sera **2.** auras **3.** aurez – serez **4.** aura **5.** seront

Dictée 13

La décision est prise

Téiki*, le bébé, a mangé tout le bonheur de sa grande sœur Poéma*. Elle l'emmènera loin, en pirogue, et elle l'abandonnera. Dès demain, il ne sera plus jamais là. Elle lui ouvrira des noix de coco : il aura du lait ainsi que les petits gâteaux qu'elle lui laissera.

---
* Épeler ce mot.

D'après C. Roumiguière, *Le Voyage de Poéma*, Magnard.

Dictée 14

Pages 30-31

Préparation à la dictée

Les mots difficiles : **1.** avant **2.** directement **3.** avenir **4.** ronger **A.** arriver **B.** retard **C.** téléphoner.

❶ **1.** mère – mer **2.** maire **3.** mères – maire

❷ **1.** spectateurs – danseur **2.** demeure – terreur **3.** sœurs – navigateurs **4.** docteur – cœur

❸ **1.** soldés **2.** abandonnée **3.** découpées – doré **4.** percé – capturés

❹ **1.** J'irai – Vous irez – Elle ira – Nous irons – Tu iras **2.** Nous ferons – Il fera – Elles feront – Tu feras – Vous ferez

Dictée 14

En retard

J'arrivais à la maison à une heure tardive ; Fatia*, la nounou, et ma mère étaient rongées par la peur. « Tu aurais pu téléphoner, me dit maman ! Tu n'auras ni crème glacée ni oranges pressées ce soir. À l'avenir, tu n'iras plus jouer directement, tu feras ton travail avant ! »

* Épeler ce mot.

Dictée 15

Pages 32-33

Préparation à la dictée

Les mots difficiles : déranger – difficile – tuyau – arrosage – brancher – idée – cible.

❶ **1.** plan **2.** ballet **3.** balai **4.** plants

❷ **1.** guichet – tickets **2.** duvet – lait **3.** billets – coffret – portrait **4.** chalet – sommet

❸ **1.** appris **2.** vues **3.** recouvertes – fondue

❹ **1.** pourras **2.** pourra **3.** pourrez **4.** pourrai **5.** pourront

Dictée 15

Un chat qui dérange

« Chasser le chat au balai ? » Difficile, dit Philémon*. « Les chats n'aiment pas l'eau ! » répond Stéphie*. « Voilà l'idée ! Le plan se prépare : deux tuyaux d'arrosage, un branché au robinet du jardin, l'autre dans la cuisine et le chat devient une cible prise entre deux jets fournis. Ce soir, nous pourrons le doucher ! »

* Épeler ce mot.

D'après L. Morival, *Pousse-au-crime contre Philémon*, Magnard.

Dictée 16

Pages 34-35

Préparation à la dictée

Les mots difficiles : dégager – recherche – impossible – sortie – ancre – rocher – décision.

❶ **1.** prennent – ciment – mélangent **2.** continents **3.** brillent – firmament

❷ **1.** craies **2.** baies – forêt **3.** plaie **4.** paix

❸ **1.** Je – continuez **2.** Nous – lasses **3.** On/Il/Elle – regarde

❹ **1.** Tu prendras – Je prendrai – Ils prendront – Nous prendrons
2. Elle apprendra – Ils apprendront – Vous apprendrez – Tu apprendras

Dictée 16

Sortie en mer

Même avec la pagaie, impossible de dégager l'ancre du bateau : les rochers la bloquent. « Qu'est-ce que tu en penses ? » demanda Corentin* à son camarade. « Je pense que nous devons rester cette nuit dans la baie. Demain nos parents prendront la décision de venir à notre recherche. »

* Épeler ce mot.

Dictée 17

Pages 36-37

Préparation à la dictée

Les mots difficiles : réunion – secret – habitant – chuchoter – discret – personne – organiser.

❶ **1.** voie **2.** doit – doigts **3.** voit – voix

❷ **1.** sauf **2.** puisque **3.** sans **4.** uniquement

❸ toute – toutes – tout – tous – toutes – tout – tous – toute

❹ **1.** dois **2.** dois **3.** devez **4.** doivent

Dictée 17

Une réunion secrète

Secrète uniquement pour Madame Rustine*, puisque tous les habitants sont invités, sauf elle. On chuchote : « Nous devons être discrets et chacun doit amener sa chaise. » Le soir de la réunion, elle voit toutes les personnes, toutes les chaises passer. « A-t-on organisé une fête des chaises sans m'en parler ? »

* Épeler ce mot.

D'après A. Gagnol, *Pire que terrible*, Magnard.

Dictée 18

Pages 38-39

Préparation à la dictée

Les mots difficiles : **1.** colère **2.** repérer **3.** déplacer **4.** attaquer **A.** assurer **B.** énerver **C.** traquer

❶ **1.** mais **2.** très **3.** mes **4.** traits

❷ **1.** trottoir **2.** réservoir **3.** observatoire – laboratoires

❸ **1.** Les animaux se méfient – ils se déplacent
2. Ma sœur se rendait – elle ne manquait
3. Le camion arrivera – Les déménageurs commenceront
4. Le général passait – il expliquait
5. Les passagers prennent – le pilote s'installe

❹ **1.** veux **2.** veut **3.** veux **4.** Voulez

Dictée 18

L'ours

Dans les fermes, dans les villages, c'est la colère. Les gens sont très énervés : « Mort à l'ours ! » La bête se déplace plutôt le soir sur son territoire. Des hommes le traquent et veulent s'assurer qu'il attaque bien les brebis, mais, dans le noir, ils ont du mal à le repérer et à le suivre.

Dictée 19

Nathalie*

Elle griffonne sur son cahier de brouillon au lieu d'écouter la maîtresse. Elle est jolie mais l'orthographe n'est pas son fort ! Puis elle est si timide qu'elle reste toujours toute seule à tortiller ses tresses noires dans un coin de la cour. Dès qu'on lui parle, elle perd ses moyens et bafouille.

* Épeler ce mot.

D'après M. Rippert,
Horrible Gran'mère Kal !, Magnard.

Dictée 20

Un oiseau triste

« Le petit homme ne nous a pas donné à manger comme les autres jours. J'ai peur de ne plus le revoir. J'avais la même peur quand j'étais petit et que mes parents s'envolaient du haut de la falaise pour planer au-dessus de l'océan. Qu'est-ce que je vais devenir ? »

D'après É. Simard, *Je te sauverai*, Magnard.

Dictée 21

Une grand-mère

Dans les livres d'enfants, les grands-mères sont toujours d'adorables vieilles dames qui sentent la lavande et le caramel mou, qui font des confitures délicieuses ou qui tricotent des écharpes multicolores.
La mienne n'est pas du tout comme ça…
C'est une véritable tornade, elle ne tient pas en place.

D'après A. Heurtier,
Ma grand-mère a un amoureux !, Magnard.

3. La factrice passe avant dix heures le matin, mais ...., elle a du retard.

4. Ma grand-mère a eu des problèmes de santé, mais ...., elle est de nouveau en pleine forme.

La plupart des noms et adjectifs terminés par *-al* au singulier s'écrivent *-aux* au pluriel :
un journal → des journaux ; un escalier principal → des escaliers principaux.
Certains noms ne suivent pas la règle : *des bals ; des festivals ; des régals ; des carnavals…*

3 Récris les expressions en mettant les mots soulignés au pluriel.

1. Se promener dans le centre commercial → se promener dans ....
2. Monter dans un train spécial → monter dans ....
3. L'été est l'époque du festival → l'été est l'époque ....
4. Le cheval n'est pas un animal brutal → .... ne sont pas ....

À l'imparfait, *aller* et *faire* se conjuguent ainsi :
- Aller : j'allais ; tu allais ; il/elle/on allait ; nous allions ; vous alliez ; ils/elles allaient.
- Faire : je faisais ; tu faisais ; il/elle/on faisait ; nous faisions ; vous faisiez ; ils/elles faisaient.

4 Écris les verbes suivants à l'imparfait.

1. Aller à la montagne

Tu ....

Il ....

Vous ....

Elles ....

2. Faire le tour du lac

Vous ....

Je ....

Ils ....

Nous ....

Dictée 9

Et maintenant, écris sur une feuille à part le texte que l'on te dictera.

→ Texte de la dictée p.IV

Note .... /20

Dictée 10

Préparation à la dictée

→ CORRIGÉS P.IV

Les mots difficiles

→ **Complète les mots.**

- Panorama ou tableau représentant la nature : **p _ y _ a _ _**
- Refaire à l'identique : **r e p r o _ u _ r _**
- Tout le monde est content ; il y a une bonne **a m b _ a _ _ e**
- Les peintres l'utilisent. Couche de couleur : **p e _ _ t u _ e**
- Verbe de la famille de *dégagement* : **d é _ a _ e _**
- Procédé, méthode : **t e _ h n _ q u _**
- Verbe de la famille d'*inspiration* : **i n _ _ i r _ r**
- Contraire de *loisir* ou de *repos* : **_ r _ v a _ l**
- Outil pour appliquer la peintre : **p _ n _ e _ u**

Règles et exercices de préparation

Certains mots se prononcent de la même manière mais ont des sens différents.
Il ne faut pas confondre : *un pantalon court ; un cours d'eau ; la cour de l'école – un coup de poing ; le long cou de la girafe.*

1 Complète les phrases avec les mots : *coup – cou – court – cours – cour.*

1. Il est prudent de se protéger le .... lorsqu'il fait froid.
2. Le maître surveille la .... de l'école pendant la récréation.
3. À la boxe, certains .... ne sont pas autorisés.
4. Un confluent est l'endroit où se rejoignent deux .... d'eau.
5. La ligne droite est le plus .... chemin d'un point à un autre.

Pour trouver la **dernière lettre** d'un **adjectif**, il suffit de le mettre **au féminin** ou de trouver **un mot de la même famille** : *un* ***grand*** *coup* (*une* ***grande*** *fête*) ; *un voyage* ***court*** (*une* ***courte*** *promenade*) – *un verre* ***épais*** (*l'****épaisseur*** *d'un livre*).

2 Écris la lettre finale de chaque adjectif puis indique entre parenthèses le mot qui t'a permis de la trouver.

1. Dans cette pièce, le plafond est un peu trop ba....... → (.....................)

2. L'accusé reste enfermé dans un profon...... silence. → (.....................)

3. Le randonneur avance d'un pas len...... vers le sommet. → (.....................)

4. On lui a joué un mauvai...... tour. → (.....................)

- Un **verbe** en *-er* peut se remplacer par l'**infinitif** du verbe d'un **autre groupe** :
  On peut ***monter*** *cet escalier → On peut* ***gravir*** *cet escalier.*
- Un **participe passé** en *-é* peut se remplacer par le **participe passé** d'un **autre groupe** :
  Ces marches ***montées****, on sera arrivé. → Ces marches* ***gravies****, on sera arrivé.*

Masc./sing. : *-é* ; fém./sing. : *-ée* ; masc./plur. : *-és* ; fém./plur. : *-ées*.

3 Complète par *-é*, *-ée*, *-és*, *-ées* ou *-er*.

1. Cette feuille pli...... en quatre forme un angle droit.

2. Aujourd'hui, la maîtresse doit nous racont...... l'histoire entière.

3. Le sportif n'a pas oublié ses trois essais manqu.......

4. Ces chaussettes trou...... vont finir à la poubelle !

Le verbe ***pouvoir*** se conjugue ainsi à l'**imparfait** : *je* ***pouvais*** *; tu* ***pouvais*** *; il/elle/on* ***pouvait*** *; nous* ***pouvions*** *; vous* ***pouviez*** *; ils/elles* ***pouvaient****.*

4 Complète les phrases avec le verbe *pouvoir* à l'imparfait.

1. Les pompiers .... heureusement intervenir très rapidement.

2. Il se demandait si vous .... battre ce record.

3. J'étais sûr que je .... refaire le chemin en sens inverse.

4. ....-nous deviner qu'il allait se mettre à pleuvoir ?

Dictée 10

Et maintenant, écris sur une feuille à part le texte que l'on te dictera.

→ Texte de la dictée p.IV

Note .... /20

Dictée 11

Préparation à la dictée

→ CORRIGÉS P. V

Les mots difficiles

→ Complète les mots.

- Compétition : **c _ _ c _ u _ s**
- Nom de la famille d'*expérimenter* : **_ x _ _ r _ _ n c _**
- Événement imprévu, surprenant : **a v _ n t _ _ e**
- Personne qui est en concurrence avec une autre : **c _ n _ _ r r _ _ t**
- Poursuivre, aller de l'avant : **c o _ t _ n u _ r**
- Aimer, estimer : **a p _ r é _ i _ r**
- Amour très fort pour quelqu'un ou quelque chose : **p _ s s _ _ n**

Règles et exercices de préparation

Certains mots **se prononcent** de la **même manière** mais ont des **sens différents**.
Il ne faut pas confondre : *le chant* (quand on chante) ; *le champ* (à la campagne) – *le hêtre* (une espèce d'arbre) ; *être* (le verbe).

1 Complète les phrases avec les mots suivants : *chant* – *champ* – *hêtre* – *être* (attention aux accords).

1. Les feuilles du .... tombent et commencent à envahir la pelouse.

2. Au printemps, les .... de colza sont d'un jaune éclatant.

3. Cet artiste a été découvert à l'occasion d'un concours de ....

4. J'aime .... auprès de la cheminée le soir en hiver.

Au milieu d'un mot, la lettre **e** se prononce :
- « e » si elle est suivie d'**un *l*** ou d'**un *t*** : *jeter* ; *gelée* ;
- « è » si elle est suivie de **deux *l*** ou **deux *t*** : *belle* ; *cette*.

2 Complète par un *l* ou deux *l*, un *t* ou deux *t* selon la prononciation du mot.

1. La pe...... e et l'éche...... e sont indispensables au jardinier.

2. À la montagne, je porte des chausse...... es de laine.

3. Maman a ache...... é un noise...... ier à la jardinerie.

4. Papa a appe...... é les enfants pour le dîner.

Dans un groupe nominal, le nom prend le genre et le nombre du déterminant qui le précède : *les dés* (masculin, pluriel) ; *mon garçon* (masculin, singulier) ; *une* aventure (féminin, singulier) ; *des filles* (féminin, pluriel).

3 Récris les noms entre parenthèses en faisant les accords nécessaires.

1. Il a rangé ses (*cahier*) .... dans son (*cartable*) ....

2. Le (*plombier*) .... a remplacé tous les (*robinet*) ....

3. Les (*championne*) .... ont défilé dans les (*rue*) .... après leur (*victoire*) ....

4. La (*cuisinier*) .... a cassé les (*œuf*) ....

Les verbes du 1er groupe se conjuguent au futur sur le modèle du verbe *rester : je resterai ; tu resteras ; il/elle/on restera ; nous resterons ; vous resterez ; ils/elles resteront.*

4 Complète avec les verbes proposés au futur.

1. Le guide (*redoubler*) .... d'attention quand nous (*arriver*) .... dans la zone dangereuse.

2. Tu (*réchauffer*) .... ce plat dans le four.

3. Elles (*partager*) .... le reste du paquet de gâteaux.

4. J'(*attraper*) .... un rhume si je ne protège pas mon cou.

Dictée 11

Et maintenant, écris sur une feuille à part le texte que l'on te dictera.

→ Texte de la dictée p.V

Note ..../20

Préparation à la dictée

→ CORRIGÉS P.V

Les mots difficiles

→ Complète les mots de la grille.

Horizontalement
1. Faire une inscription.
2. Celui qu'on affronte dans un combat ou un jeu.
3. Assemblage de barreaux.
4. Verbe de la famille de *compréhension*.

Verticalement
A. Féminin de *frère*.
B. Appareil possédant un écran et un clavier.
C. Verbe de la famille de *participation*.

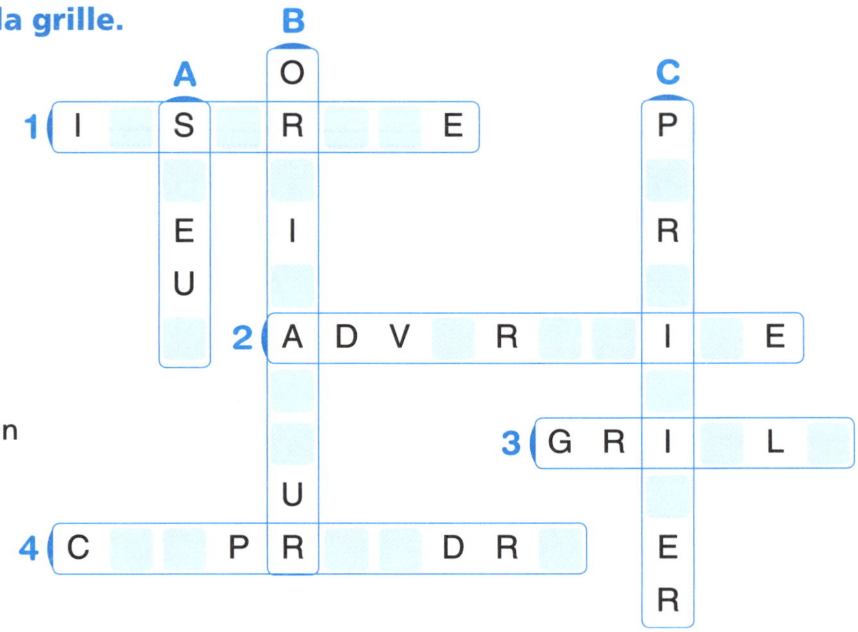

Règles et exercices de préparation

- *On* est un pronom personnel (3e pers. du sing.) et peut être remplacé par *il* ou *elle* : *on comprend* → *il* ou *elle comprend*.
- *Ont* est le verbe *avoir* au présent (3e pers. du plur.) et peut être remplacé par *avaient* : *elles ont le temps* → *elles avaient le temps*.

1 Complète les phrases suivantes par *on* ou *ont*.

1. Les randonneurs .... marché toute la journée.
2. « .... a souvent besoin d'un plus petit que soi » a écrit La Fontaine.
3. .... peut avoir une contravention lorsqu'............ roule trop vite en voiture.
4. Certains pensent qu'ils .... toujours raison ! .... devrait s'en méfier.

En général, les **noms féminins** terminés par le son « u » s'écrivent *-ue* : *la cohue* ; *une inconnue* ; *des revues*. Attention : *la tribu* ; *la glu* ; *la vertu* ; *la bru*.

2 **Complète les phrases avec les mots suivants :** *issue* – *vertu* – *tortue* – *laitue* – *grue*.

1. Pour bâtir ce pâté de maisons, l'entreprise installe des ....
2. Les gardiens vérifient que les .... de secours sont en service.
3. La .... est un animal qui se nourrit de ....
4. Le courage, le sérieux sont des ....

La plupart des noms terminés, au singulier, par le son « ou » prennent un **s au pluriel** : *un trou* → *des trous* ; *un fou* → *des fous*.
Attention : *des bijoux* ; *des cailloux* ; *des choux* ; *des genoux* ; *des hiboux* ; *des joujoux* ; *des poux*.

3 **Complète les expressions en mettant les mots soulignés au pluriel.**

1. Poser un <u>verrou</u> sur la porte → Poser des .... sur les portes
2. Un <u>bijou</u> très apprécié → Des .... très appréciés
3. Protéger le <u>genou</u> → Protéger les ....
4. Se conduire comme un <u>voyou</u> → Se conduire comme des ....

Les verbes du **2e groupe** se conjuguent, au **futur**, sur le modèle du verbe *choisir* : *je choisirai* ; *tu choisiras* ; *il/elle/on choisira* ; *nous choisirons* ; *vous choisirez* ; *ils/elles choisiront*.

4 **Conjugue les verbes suivants au futur.**

1. Remplir une bouteille

Vous ....

Je ....

Elle ....

Ils ....

2. Saisir l'occasion

Tu ....

Elles ....

Vous ....

Nous ....

Dictée 12

Et maintenant, écris sur une feuille à part le texte que l'on te dictera.

→ Texte de la dictée p.V

Note .... /20

Dictée 13

Préparation à la dictée

→ CORRIGÉS P.V

Les mots difficiles

→ Complète les mots.

- Nom de la famille de *décider* : **d é _ _ s _ _ n**
- Emporter : **_ m m _ _ e r**
- Bateau long et étroit : **_ i _ o g _ e**
- Laisser définitivement seul : **a b _ _ d _ n n _ r**
- Fruit du noyer, du cocotier : **n _ _ x**
- Aliment principal du bébé : **l _ i _**
- Mettre à disposition : **l a i _ s _ r**

Règles et exercices de préparation

- ***Et*** est un mot **invariable** qui peut être remplacé par ***et puis*** :
  *Elle l'emmènera **et** elle l'abandonnera (**et puis** elle l'abandonnera).*
- ***Est*** est le verbe ***être*** (3e pers. du sing.). On peut le remplacer par ***était*** :
  *La décision **est** prise.* → *La décision **était** prise.*

1 Complète les phrases avec *et* ou *est*.

1. Ce midi, nous mangerons du steak haché .... des frites.
2. Méfie-toi, cette route .... dangereuse à cause des virages !
3. Tu prendras la salade qui .... dans le panier.
4. Le chien .... un animal fidèle .... très affectueux.

Certains mots sont **invariables**.
Ex. : *loin ; demain ; jamais ; ainsi que.*

2 Complète les phrases avec les mots : *loin* – *demain* – *jamais*.

1. Elle s'était dit qu'elle n'y retournerait ....

2. Ce village est trop .... pour pouvoir y aller à pied.

3. On annonce des températures meilleures à partir de ....

Dans le **groupe nominal**, le **déterminant** et l'**adjectif** s'accordent en **genre** et en **nombre** avec le **nom chef du groupe** : *sa grande sœur* (féminin, singulier) ; *les petits gâteaux* (masculin, pluriel) ; *des décisions discutables* (féminin, pluriel).

3 Complète chaque phrase avec un nom et un adjectif en respectant le genre et le nombre demandés.

1. (*masculin, pluriel*) Il a rangé ses ....

2. (*féminin, singulier*) J'ai acheté une .... chez le boulanger.

3. (*masculin, pluriel*) Le philatéliste collectionne les ....

4. (*féminin, pluriel*) Maman a repassé nos ....

Au **futur**, les verbes *avoir* et *être* se conjuguent ainsi :
- **Avoir** : j'**aurai** ; tu **auras** ; il/elle/on **aura** ; nous **aurons** ; vous **aurez** ; ils/elles **auront**.
- **Être** : je **serai** ; tu **seras** ; il/elle/on **sera** ; nous **serons** ; vous **serez** ; ils/elles **seront**.

4 Complète les phrases avec le verbe *avoir* ou *être* au futur.

1. C'est un beau cadeau : nous espérons qu'elle .... contente.

2. Tu .... certainement l'occasion de voir des chamois.

3. Vous .... un pincement au cœur lorsque vous .... sur la piste d'envol.

4. Le maçon .... beaucoup de travail sur ce chantier.

5. Il n'est pas du tout certain que nos joueurs .... champions du monde.

Dictée 13

Et maintenant, écris sur une feuille à part le texte que l'on te dictera.

→ Texte de la dictée p.V

Note .... /20

Dictée 14

Préparation à la dictée

→ CORRIGÉS P.V

Les mots difficiles

→ Complète les mots de la grille.

Horizontalement
1. Contraire du mot *après*.
2. L'adverbe composé à partir de l'adjectif *direct*.
3. Dans le futur.
4. Manière de manger des lapins et des rats.

Verticalement
A. Contraire de *partir*.
B. Nom de la famille de *retarder*.
C. Parler dans un combiné.

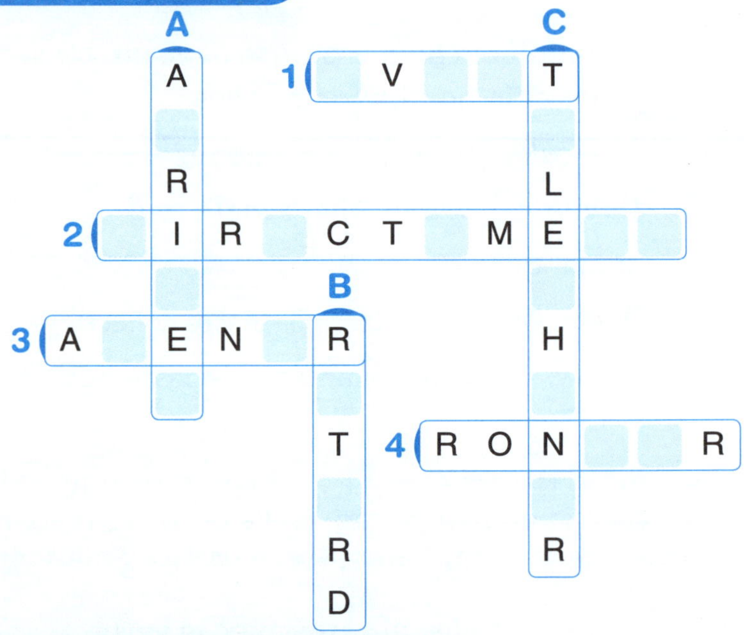

Règles et exercices de préparation

Certains mots **se prononcent** de la **même manière** mais ont des **sens différents**.
Il ne faut pas confondre : la *mère* (qui donne la vie) ; *la mer* (immense étendue d'eau) ; *le maire* (personne élue pour diriger la ville).

1 Complète les phrases avec les mots suivants : mer – mère – maire (attention aux accords).

1. Avec mon père et ma ...., nous sommes allés au bord de la ....
2. Le .... a prononcé un discours pour ouvrir la cérémonie.
3. Les .... de famille recevront un cadeau remis par le .... de la commune.

Les **noms** en « **eur** », masculins ou féminins, s'écrivent, en général, *-eur* : *le bonheur* ; *la peur* ; *un auditeur*. Attention : *le beurre* ; *une demeure* ; *l'heure* ; *un heurt* ; *ta sœur* ; *le cœur*.

2 Complète les mots terminés par le son « eur » (attention aux accords).

1. À l'opéra, les spectat...... ont fait un triomphe au dans...... étoile du ballet.

2. Dans les contes, l'ogre habite toujours une dem......... qui inspire la terr..........

3. Mes s......... sont fascinées par les navigat..........

4. Un doct......... lui a donné un médicament pour le c..........

Le **participe passé** des verbes du **1er groupe** se termine par le son « **é** ». Il **s'accorde en genre** et **en nombre** comme un adjectif qualificatif avec le **nom** auquel il se rapporte : *une crème glacée* (du verbe *glacer*) ; *des oranges pressées* (du verbe *presser*).

3 Complète chaque phrase avec le participe passé du verbe donné.

1. Des vêtements (*solder*) .... sont dans les vitrines des boutiques.
2. Une chienne (*abandonner*) .... vient d'être amenée au refuge.
3. J'ai fait une guirlande d'étoiles (*découper*) .... dans du carton (*dorer*) ....
4. Il pose un couvercle (*percer*) .... sur la boîte pour y placer les insectes (*capturer*) ....

Au **futur**, les verbes *aller* et *faire* se conjuguent ainsi :
- **Aller** : j'**irai** ; tu **iras** ; il/elle/on **ira** ; nous **irons** ; vous **irez** ; ils/elles **iront**.
- **Faire** : je **ferai** ; tu **feras** ; il/elle/on **fera** ; nous **ferons** ; vous **ferez** ; ils/elles **feront**.

4 Conjugue les verbes suivants au futur.

1. Aller jouer dehors

J' ....

Vous ....

Elle ....

Nous ....

Tu ....

2. Faire des jeux

Nous ....

Il ....

Elles ....

Tu ....

Vous ....

Dictée 14

Et maintenant, écris sur une feuille à part le texte que l'on te dictera.

→ Texte de la dictée p.V

Note .... /20

Dictée 15

Préparation à la dictée

→ CORRIGÉS P.VI

Les mots difficiles

→ Complète les mots.

- Perturber, gêner : **d é _ _ n g _ r**
- Contraire de *facile* : **_ _ f f _ c _ l _**
- Conduit où circule l'eau : **t _ y _ u**
- Nom de la famille d'*arroser* : **_ r r _ s _ g _**
- Raccorder au robinet ou à une prise : **b r _ _ c h _ r**
- Pensée, projet : **i _ _ e**
- Nom de la famille de *cibler* : **_ i b _ e**

Règles et exercices de préparation

Certains mots se prononcent de la même manière mais ont des sens différents.
Il ne faut pas les confondre : *un balai pour balayer ; un ballet de danseurs – le plan d'une ville ; un plant de tomate.*

1 Complète les phrases avec les mots suivants : *plan – plant – balai – ballet* **(attention aux accords).**

1. Je consulte un .... du quartier.
2. *Le Lac des cygnes* est un .... souvent à l'affiche sur la scène de l'opéra.
3. Le .... perd tous ses poils. Il faudra songer à le remplacer.
4. Le jardinier prépare le sol pour repiquer les .... de salade.

La plupart des noms masculins terminés par le son « è » se terminent par -*et* : *le robinet ; un jet*. Attention : *un balai ; un quai ; du lait ; un portrait ; un souhait ; un palais.*

2 Complète les noms masculins terminés par le son « è » (attention aux accords).

1. Il faut faire la queue au guich....... pour acheter les tick....... d'entrée.

2. Les randonneurs s'enroulent dans un duv....... et boivent du l....... chaud.

3. Elle a mis des bill....... dans un coffr....... caché derrière un portr....... accroché au mur.

4. Le chal....... se trouve sur le chemin qui mène au somm........

Le participe passé des verbes des 2e et 3e groupes se termine au masculin singulier par *-i*, *-u*, *-s*, *-t*. Il s'accorde en genre et en nombre avec le nom auquel il se rapporte : *des cheveux fournis* (du verbe *fournir*) ; *une cible prise* (du verbe *prendre*).

3 Complète chaque phrase avec le participe passé du verbe donné (attention aux accords).

1. Tous les poèmes et chants (*apprendre*) .... sont collés dans un cahier.
2. Les vidéos déjà (*voir*) .... sont rangées dans un placard.
3. Les routes (*recouvrir*) .... de neige (*fondre*) .... sont dangereuses.

Au futur, le verbe *pouvoir* se conjugue ainsi : *je pourrai ; tu pourras ; il/elle/on pourra ; nous pourrons ; vous pourrez ; ils/elles pourront.*

4 Complète les phrases avec le verbe *pouvoir* au futur.

1. Tu .... prendre une semaine de vacances pour les fêtes de fin d'année.
2. On ne sait pas si le skieur .... renouveler son exploit de l'an dernier.
3. Si vous partez de bonne heure, vous .... visiter le musée avant la fermeture.
4. Si c'est trop difficile, je ne .... pas t'aider à trouver la solution.
5. Elles .... partir tôt, s'il fait beau.

Dictée 15

Et maintenant, écris sur une feuille à part le texte que l'on te dictera.

→ Texte de la dictée p. VI

Note .... /20

Dictée 16

Préparation à la dictée

→ CORRIGÉS P. VI

Les mots difficiles

→ Complète les mots.

- Enlever, déblayer : **d ▢ g a ▢ ▢ r**
- Nom de la famille de *chercher* : **r ▢ ▢ h e ▢ c h ▢**
- Contraire de *possible* : **i ▢ p o ▢ s i ▢ l ▢**
- Contraire d'*entrée* : **s ▢ r ▢ i ▢**
- Déposée au fond de l'eau pour fixer le bateau : **a ▢ c r ▢**
- Bloc de pierre : **▢ o c ▢ e r**
- Nom de la famille de *décider* : **▢ é c ▢ s i ▢ n**

Règles et exercices de préparation

Les trois lettres « ent » ne se prononcent pas à la fin du verbe : *Ils bloquent*.
On prononce « an » s'il ne s'agit pas du verbe : *un parent* ; *impatient* ; *souvent*, *sûrement*.

1 **Complète les phrases avec les mots suivants, puis souligne en bleu ceux dans lesquels la finale *-ent* ne se prononce pas et en rouge ceux qui se terminent par le son « an » : *firmament* – *ciment* – *continents* – *brillent* – *mélangent* – *prennent*.**

1. Les maçons .... un sac de .... qu'ils .... au sable.
2. Les pays de l'ensemble du monde sont répartis en cinq ....
3. De nombreuses étoiles .... au ....

En général, les noms féminins terminés par le son « è » s'écrivent *-aie* : *la pagaie* ; *la baie*.
Attention aux exceptions : *la paix* ; *la forêt*.

2 **Complète les noms féminins terminés par le son « è » (attention aux accords).**

1. Un artiste a tracé un portrait avec des cr........ sur le trottoir.

2. Il est prudent de ne pas manger les b........ que l'on peut cueillir dans la for........

3. Il a dû se rendre chez le médecin pour faire soigner une vilaine pl.........

4. La colombe est l'oiseau qui représente la p.........

Le **verbe** s'accorde en **nombre** avec le **pronom personnel** : *je pense* (1re pers. du sing.) ; *tu regardes* (2e pers. du sing.) ; *elle chante* (3e pers. du sing.) ; *nous parlons* (1re pers. du plur.) ; *vous criez* (2e pers. du plur.) ; *elles écoutent* (3e pers. du plur.).

3 **Complète les phrases suivantes avec le pronom personnel qui convient ou par le verbe demandé conjugué à la bonne personne.**

1. .... vais me fâcher si vous (*continuer*) .... à vous agiter ainsi.

2. .... ne sommes pas obligés de t'écouter : tu nous (*lasser*) .... !

3. .... me gronde parce que je (*regarder*) .... trop la télévision.

Au **futur**, le verbe *prendre* se conjugue ainsi : *je prendrai ; tu prendras ; il/elle/on prendra ; nous prendrons ; vous prendrez ; ils/elles prendront.*

4 **Conjugue les verbes suivants au futur.**

1. Prendre le train

Tu ....

Je ....

Ils ....

Nous ....

2. Apprendre à nager

Elle ....

Ils ....

Vous ....

Tu ....

Dictée 16

Et maintenant, écris sur une feuille à part le texte que l'on te dictera.

→ Texte de la dictée p.VI

Note .... /20

Dictée 17

Préparation à la dictée

→ CORRIGÉS P. VI

Les mots difficiles

→ Complète les mots.

- Regroupement de personnes : **r é _ n _ _ n**
- Qui ne doit pas être répété : **s _ c r _ t**
- Personne qui habite un endroit : **h _ _ i t _ _ t**
- Dire très faiblement, murmurer : **c h _ c h _ _ _ r**
- Adjectif de la famille de *discrétion* : **_ _ s _ r _ t**
- Un être humain en est une : **p _ r _ o n _ _**
- Préparer : **o _ g _ n _ s _ r**

Règles et exercices de préparation

Certains mots **se prononcent** de la **même manière** mais ont des **sens différents**.
Il ne faut pas confondre : *il* ***doit*** (du verbe *devoir*) ; *un* ***doigt*** (de la main) ;
une plume ***d'oie*** (de l'animal) – *elle* ***voit*** (du verbe *voir*) ; *la* ***voix*** (du chanteur) ;
la ***voie*** (le chemin, la route).

1 **Complète les phrases avec les mots suivants :** ***doigt*** **–** ***doit*** **–** ***voix*** **–** ***voie*** **–** ***voit*** **(attention aux accords).**

1. Elle a été reçue à l'examen : sa .... est maintenant toute tracée.

2. Le boucher .... toujours faire très attention à ses ....

3. On .... le spectacle de loin, mais les .... des chanteurs sont impressionnantes.

Certains mots sont invariables.
Ex. : *uniquement ; puisque ; sauf ; sans.*

2 Complète les phrases avec les mots suivants : *uniquement – puisque – sans – sauf*.

1. Cet horaire nous convient bien .... si le départ est retardé.

2. Nous ne prenons pas la route habituelle .... des travaux sont en cours.

3. Elle se lève .... faire de bruit.

4. Ce philatéliste collectionne .... les timbres neufs.

Lorsque le mot *tout* se rapporte à un nom, il s'accorde en genre et en nombre avec ce nom : *tous les habitants* (masculin, pluriel) ; *toutes les personnes* (féminin, pluriel) ; *tout le temps* (masculin, singulier) ; *toute la journée* (féminin, singulier).

3 Écris le mot *tout*, en l'accordant, dans les expressions suivantes.

Prendre .... la place

Finir .... le gâteau

Déplacer .... les pierres

Venir .... les jours

Partir pour .... les vacances

Vider .... les placards

Rire pendant .... le spectacle

S'ennuyer .... la semaine

Au présent, le verbe *devoir* se conjugue ainsi : *je dois ; tu dois ; il/elle/on doit ; nous devons ; vous devez ; ils/elles doivent.*

4 Complète les phrases suivantes avec le verbe *devoir* au présent.

1. Sors si tu veux, mais tu .... revenir avant six heures !

2. Je .... faire un peu de lecture tous les matins.

3. Vous .... avoir tout préparé pour l'arrivée du conférencier.

4. Les sauveteurs .... prendre des précautions.

Dictée 17

Et maintenant, écris sur une feuille à part le texte que l'on te dictera.

→ Texte de la dictée p.VI

Note .... /20

Dictée 18

Préparation à la dictée

→ CORRIGÉS P. VII

Les mots difficiles

→ Complète les mots de la grille.

Horizontalement
1. Nom de la famille de *coléreux*.
2. Verbe de la famille de *repérage*.
3. Changer de place.
4. Agresser, affronter sans hésiter.

Verticalement
A. Verbe de la famille d'*assurance*.
B. Verbe de la famille de *nerf*.
C. Pousser, rabattre le gibier ; chercher inlassablement.

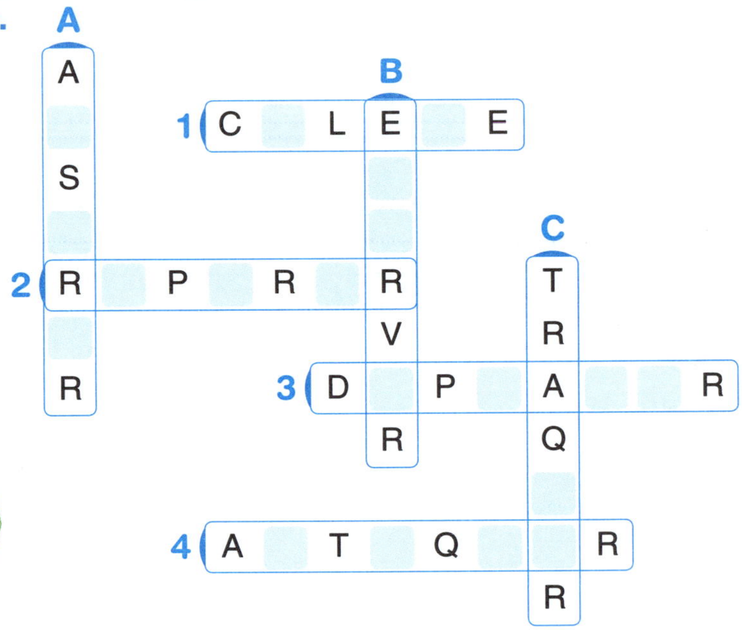

Règles et exercices de préparation

Certains mots **se prononcent** de la **même manière** mais ont des **sens différents** : *très* énervé (beaucoup) ; *un trait trop gros* (trait de crayon) – *mais* (et) ; *mes* bêtes (les miennes).

1 **Complète les phrases avec les mots suivants :** ***très – trait – mes – mais*** **(attention aux accords).**

1. J'accepte la proposition, ... la prochaine fois, il faudra m'en parler avant.
2. Nos adversaires sont vraiment .... forts : on va avoir du mal à les battre.
3. J'ai perdu la moitié de .... billes depuis le début de la semaine.
4. Ce peintre fait des .... de pinceau fins et précis.

En général, les **noms masculins** terminés par le son « **oir** » s'écrivent *-oir* : *le soir* ; *le noir*.
Attention : *un laboratoire* ; *un réfectoire* ; *un auditoire* ; *un territoire* ; *un observatoire* ; *de l'ivoire*.

2 **Complète les noms terminés par le son « oir » (attention aux accords).**

1. Les éboueurs ramassent et vident les poubelles qui sont sorties sur le trott...........

2. Le jardinier prend de l'eau du réserv.......... de récupération des eaux de pluie.

3. Ce bâtiment contient un observat.......... et plusieurs laborat.......... de recherche.

Le **verbe** s'accorde avec le **groupe nominal sujet**. Si ce groupe est singulier, le verbe s'écrit à la 3e personne du singulier. Si le groupe est au pluriel, le verbe s'écrit à la 3e personne du pluriel.

- ***La bête*** *se déplace* : ***elle*** *se déplace* (3e pers. du sing.).
- ***Des hommes*** *traquaient l'ours* : ***ils*** *le traquaient* (3e pers. du plur.).

3 Écris la terminaison de chaque verbe après avoir souligné le sujet.

1. (*présent*) Les animaux se méfi.......... des hommes : ils se déplac.......... en bandes.
2. (*imparfait*) Ma sœur se rend.......... au musée, elle ne manqu.......... jamais une exposition.
3. (*futur*) Le camion arriv.........., les déménageurs commenc.......... à charger les caisses.
4. (*imparfait*) Le général pass.......... ses troupes en revue et il expliqu.......... à ses hommes leur mission.
5. (*présent*) Les passagers prenn.......... place, le pilote s'install.......... dans la cabine.

Au **présent**, le verbe ***vouloir*** se conjugue ainsi : *je **veux** ; tu **veux** ; il/elle/on **veut** ; nous **voulons** ; vous **voulez** ; ils/elles **veulent**.*

4 Complète les phrases suivantes avec le verbe *vouloir* au présent.

1. Tu as intérêt à te presser un peu si tu .... arriver à l'heure.
2. Le bébé s'énerve dans son berceau, il .... son biberon.
3. Mon frère est de mauvaise humeur car je ne .... pas lui prêter ma voiture.
4. ....-vous me donner le sel, s'il vous plaît ?

Dictée 18

Et maintenant, écris sur une feuille à part le texte que l'on te dictera.

→ Texte de la dictée p.VII

Note .... /20

Illustrations intérieures : Vincent Bergier – **Illustration de la couverture et pictos enfants :** Cyrielle
Édition : Anne-Sophie Darlet – **Mise en pages :** Nord Compo

N° d'ISSN : 2265-1055

Certifié PEFC
Ce produit est issu de forêts gérées durablement et de sources contrôlées
PEFC/18-31-264
www.pefc-france.org

Achevé d'imprimer en novembre 2014 en Italie par «La Tipografica Varese Srl»
Dépôt légal : Décembre 2014 – N° éditeur : 2014-0986